Y 4423

Réserve.

AF339008

Aye memoire de la mort et iamais tu ne pescheras

L'exemplaire de confession qui est beau
La faulte aux aueugles
Le purgatoire de mys de turno

BIBLIOTHÈQUE ROYALE

E mon regard ne vous viēt a plaisir
¶ Par sa hideur qui est espouantable
Prenez en gre congnoissans le desir
Par quoy pretens. qui vous soit profitable
Il ny a point de moyen plus tirable
Les cueurs a bien. que de soy se congnoistre
Cōgnoissez donc par moy q̄lz vo⁹ fault estre
Et prepares a mort vostre inuentoire
Les filz de adam tous mourir est notoire

Las roy mondain contemple ma maniere
Vng temps fus vif que iauoye beau visaige
Pour peulx rians. Las iay trous de tariere
Conduitz a vers. pour faire leur passage
Le damp dautruy si te rende donc sage
Car comme moy tu deuiendras en pouldre
Tout picote comme est vng deel a couldre
Dun sas de vers. desquelz seras repas
Tous les humains fault passer par ce pas

Le temps durant que iestoye en ce monde
Honnore fus de sublime puissance
Mais mal garday ma conscience munde
Dont iay remors qui me point a oustrāce
Quesse dhonneur. quesse aussi de iactance
Que les faços pour enfer allecher
Hain est le vol qui fait bas trebucher
Car nest seurete sen bas. ne prent gesine
Qui troup hault monte il oyme sa ruine

Larmes respans de forcenee rage
De la douleur qui me tient excessiue
Quât pour mes maulx ay le feu pour hostage
Le quay seme il fault que ie mestiue
Las que fera ma pouure ame chetiue
Pour se purger des pechés quay commis
Gaigner ne puis se nest par mes amis
Car suis vng ver qui ne puis nesque paisse
Qui fait peche il en papera la taille

Dieu crea tout. et beneist de sa dextre
fors que peche. que peult donc deffect estre
Quesse de luy. de quoy print il engence
Peche nest rien. fors carence de bien
Sil est ainsi. pour quoy requiert penance
Francz fusmes faiz vng chascun sur le sien
Quant dieu nous fist garniz de franc arbitre
Mais mal esleuz qui prins le feu pour mien
Dieu delessant pour sentir son chapitre

Ainsy enfer sur nulluy na droicture
Que par ses maulx ou par ses actions
Qui plus y met plus y prent grant voicture
Nul nest blecie que de ses passions
Du iusticier ne des corrections
Nest a querir. car il est droiturier
Bien est eureux qui va le droit sentier
Car tel aura son iuge a protecteur
Combien quil soit pacient redditeur

Las sil estoit queusse espace donnee
Le temps dun iour pour faire penitence
Quel doeil. quelz pleurs. helas quelle menee
feroit mon corps pour orner conscience
Oi nest appel apres ceste sentence
Ou suis me prens en espoir dauoir mieulx
Jeune ne Beulz. ie ne peus quant fuz Bieulx
Du repentir. lheure si est faillie
Ja fol ne croit tant quil Boit sa folie

    Il appert donc par bien Biue raison
Que fol espoir de Biure longuement
Me fist iadis quant iestoye en choison
De mon salut ou de mon dampnement
A pie leue fus sousprins chaudement
Et sans arrest de mort fus la saisine
Mais bien fait dieu que lheure ne termine
Car qui ne craint en grant peril se Boute
Quant loeil ouuert en ses faiz ne Boit goute

    Du sont les pleurs. le doeil de mon trespas
Parens amis Boisins a grant plante
Qui me pleuroyent Boire sans contrepas
Du est lespoir que sus eulx iay plante
Bon fait penser de soy durant sante
Car cest foleur dau trup querir suffrage
Apres la mort: se Bison eust lusage
De se pouruoir deuant le iour derrien
Quant apres dieu nest amour sur le sien

a iii

Prenez patron vo[us] qui portez ses hucques
Robes pompans et pourpoins de satin
Les grans plumaulx et ses fardeez perruques
Que cest de moy entendes ce satin
Ignores vous quil fault quelque matin
Tous comme moy estre des vers la proye
Se dieu se taist si pense il de sa poye
Du retribut de vostre sacrifice
De ses grans peulx il contemple tout via

Helas pour tant vanite delaissee
Elises mieulx que le viure mondain
Ne ignores pas que mort vous soit passee
Qui e stes prestz de cheoir en sa main
Se tel est huy qui nest pas lendemain
Las quesse donc du monde et son plaisir
Or vie et mort si est en ton choisir
Esliz des deux . et retiens la meilleure
Bien est cureux qui mort pret a bone heure

De puis que mort dessus to[us] a droicture
Efforcez vous dauoir des meurs leslite
Gaignez les cieulx deuant la pourriture
Aprestez vous contre la mort despite
Voyez aussi ceulx qui en ioye petite
Celebrement ont leurs delictz passez
Jeunes et vieulx sont ensemble entassez
Et prient ceulx qui voirront ceste hystoire
Les trespasses quilz ayent en memoire

Las et pour quoy prens tu si grant plaisir
Homme abuse plain de presumpcion
En ce faulx monde. ou na que desplaisir:
Enuie. orgueil: guerre et discencion.
Bien maleureuse est ton affection.
Que pense tu: as tu plus grant enuie
De viure en doubte en ceste courte vie:
Qui les mondains a la mort denfer maine.
Cest bonne chose de viure en vie certainne.
Las tu sces bien: si tu nes insensible
Que cest chose forte. voire impossible
De auoir sa ius ton aise entierement:
Et apres mort lasus pareillement
Helas: pourtant change condicion:
Et te rauise: ou tu es autrement.
Homme deffait et a perdicion.

Lequel veulx tu. ou vie: ou mort choisir:
Choisiz des deux tu as discrecion.
Ayme tu mieulx de ton corps le desir:
Pour ton ame mectre a dampnacion:
Que viure vng peu en tribulacion:
Et que apres mort soit ton ame rauie
En gloire es cieulx: qui de nul deseruie
Estre ne peult en ceste vie humainne
Si ne lesse terre: auoir: et demainne
Et pere et mere: et tout sil est possible:
Et viure en paine et en labeur terrible

En seruant dieu tousiours paciemment.
Cest le chemin qui conduit seurement
Apres trespas lomme a saluacion
Et qui va autrement: il va a dãpnemẽt
Homme deffait et a perdicion

Cuide tu cy tousiours auoir laisir
Dauoir pardon sans satisfacion:
Et toute nuit en beau lit mol gesir.
Puis a seiour sans operacion
Passer le temps en delectacion
Tant que du tout la chair soit assoupe:
Pence tu point qui faille que on deuie
Et que pie ngne fin puissance mondaine
Helas ouy: car mort viendra soudainne
vne heure a toy. a tout son dart horrible
Si tres acoup comme chose inuisible
Que pas nauras laisir aucunement
De dire a dieu: peccaui seulement.
Ainsy mourras tost sans contriction
Dont te saras par diuin iugement
Homme deffait et a perdicion

Homme en peril sache certainnement
Que ce tu nas autre voutoir brie fuemẽt
De tamender: ne autre deuocion
Tu te verras vng iour subitement
Homme deffait et a perdicion.

puis que ainsi est qui nous fault to⁹ finir :
Et apres fin compte a dieu du tout rēdre
Las: desormais vueillōs nous maintenir
Si sainctemēt sās tache et sans mespredrer
q̃ a leure horible ou mort no⁹ voldra predre
Nostre poure ame a present vicieuse
Soit des vertus tant riche et precieuse
Que voler puisse eŋ la clere cite.
Ou est plaisir/iope/et felicite
Salut, vertus/aussi paix pardurable
Vie sans mort/beaulte/sante/ieunesse
Los pieu pouoir/e t force insuperable
Qui tousiours dure et qui iamais ne cesse

Las no⁹ voiōs to⁹ les iours mort venir
Qui est la fin que nous deuōs actendre.
Et ne sauons que peulent deuenir
Les esperitz: quant les corps sōt eŋ cendre
Les bōs vōt sus.les mauluais fault descēdre
Eŋ vne chartre obscure et tenebreuse
Ou est vermine immortelle angoisseuse
Misere/ennuis, faulte/et necessite.
Fain/soif/pleur/crp/et toute aduersite
Horreur/paour/frateur inenarrable.
Mort sans mourir/desespoir et tristesse
Feu sans lumiere/et froit intolerable
Qui tousiours dure:et qui iamais netēsse

Helas pour tant vueillons bien retenir
Tous ces pointz cy:et a bien faire entēdre
Si que apres mort nous puissons peruenir
Du hault roiaulme ou nous deuos to⁹ tēdre
Qui tāt riche est:que cueur ne peut cōprēdre
On y vit en paix quest chose glorieuse
Et oyt on son de voix si melodieuse
La ont les corps impassibilite
Agilite.clarte.subtilite
Et les ames sapience admirable.
Puissance.honneur.seurete.et liesse
Concorde.amour en gloire inseparable
Qui tousiours dure:et qui iamais ne cesse

O mauluais riche:enfle de iniquite
Rude aux poures.las:que ta prouffite
Ton riche habit:ta plantureuse table
Puis que tu es poure pour ta richesse
Et as soif ores:et fain insaciable
Qui tousiours dure:et qui iamais ne cesse

Angelicum carmen

Inclite celigeua michael:fulgoris amena
Alta colens regna plusꝗ dulcedine plena:
Fulmina refrena:pestes:hostes aliena.
Celica terrena fac nobis alme serena.
Tu nimius classis pangentis dias in apis
Tu quia mira facis.fortis pugil:nicola pacis

Tutor in hora sis a larue dente rapace
Tu quasi iam passis archangele te precor assis
Te nomen predit:te nempe quis Vt deus edit
Te duce Vita redit:a quo prius illa recedit
Nam tibi concedit dñs.si quando recedit
Spũs:et credit:michael hunc ad loca reddit.
Fulgens splendore nimio:iam dignus honore
Prepositi more cunctos precellis honore:
Angelico flore transcendens cuncta decore.
Demonis horrore nos priues atqz dolore.
Signifer o christi serpentem qui domuisti:
Mors antichristi monstrabit quam Valuisti.
Judicio sisti tua flabit dum tuba tristi:
Per te celesti patrie iungamur honesti.
Ante pericla maris:in monte tuba Veneraris
Apulie atqz paris mons est garganus honoris
Que loca preclaris Virtutibus aupiliaris:
Pluribus a caris huc illuc sepe Vocaris.
Dum zabulum Vssit:michael in mõte reluxit
Diuisum duxit fieri mare:cum retrofluxit
Israel eduxit:egypto barbaro cussit:
Sic deus hoc iussit:qui nobis propitius sit.
O primas agie paradisi satrapa dye:
Dux quoqz militie ruit ex quo turma golye:]
Athleta iustitie:felix affecla marie:
Princeps ecclesie:da nobis bona sophie.
O Vos felices per celi dindima Voces:
Gabriel isignes bona qui noua fers super oẽs:
Vos cuncti celibes:raphael medicina coheres:
Nos superum ciues reddere ferte preces.

Homme mortel qui ee de terre et fait:
Du createur forme a sa semblance.
Las recongnois le bien que dieu ta fait:
Puis que tu es homme priue denfance.
Remembre toy et aye souuenance.
Cueur dur rempli de trop grãt vanite.
Du hault degre et de la dignite:
Ou dieu ta mis indigne creature.
Tant riche et noble esleu en prelature.
Dont tu rendras compte quoy quil tarde.
Mais scez tu quãt demain par auenture.
Ou auiourduy pour tãt donne ten garde
    Puis que vnefois tu as este deffait.
Et mis au bas par desobeissance.
Et que dieu ta par sa grace refait
Et ta remis en estat dinnocence
Ne renche pas par orgueil ne arrogance.
Mais monstre toy mirouer de humilite.
Car tu scez bien que ta fragilite
Nest que viande a vers et noiriture.
Et deuiendras a la fin poiriture.
Quoy que a presẽt sentez: te cõtregarde.
Mais scez tu quãt demain par auenture:
Ou auiourduy pour tant dõne ten garde.

Cuide tu estre autre hôme ou plus parfait
Que tes maieurs de deuant ta naissance;
Qui tant furent glorieux en leur fait.
Que dieu et monde en a la congnoissance
Helas nenny : car pour quelque puissance
Que tu aies : ou gloire en prosperite.
Côme eulx mourras poure ou riche herite
Miserable homme et de freille nature.
Et seras mis vng iour en sepulture
Ne tu nas force ne pouoir qui ten garde.
Mais scez tu quant demain par auenture.
Du auiourduy pour tant dône ten garde.

Homme : arme toy contre seure future
Forte et dure car mort de sa pointure
Te piquera de sa cruelle darde
Mais scez tu quant demain par auenture
Du auiourduy pour tant dône ten garde.

Autre Balade de mort

Puis quen sa prison obscure de tristesse
Mere du deul qui ioye desherite :
Thesaurizer ne peult ne auoir richesse :
Nul prisonnier qui en sa fosse habite
Sans charge de corps : et dame excercite.
Et que tout bien terrien se decline.

De cueur contrit sa mageste diuine
Requerons tous que apres mort dure
Le beau tresor desploier et destendre
No⁹ veulle es cieulx q̃ tousiours sãs fin dure.
Du chascun peult sãs rien mectre tout prãdre

La verrons nous sa face et sa haultesse
En son royaume. ou beaute se delicte:
La verrons nous la court et la noblesse
De sa mere qui peult estre dicte
Des apostres se palais et seslite
Et des martirs salle et gloire fine
Des confesseurs la chapelle tresdine
Et des virges se temple et samour pure
La nostre cueur doibt souspirer et tendre
Pour viure au lieu de to⁹ biens sans mesure
Du chascun peult sãs rien mectre tout prãdre

Qui auiourduy regne eu monde en ieunesse:
Pence en son cueur que sa vie est petite
Et que ces deux: maladie et vieillesse
Pour le mener droit a la mort subite
Le supuent pres. et selon son merite
Aura apres: ioye ou deul sans termine.
Pour tant congnois que tout aussi fine
Et sommes icy de perdre en auenture
Diuons en dieu si bien que apres mort rendre
Nous nous puissons des cieulx a souuerture.
Du chascu peult sãs rien mectre tout prãdre.

Prince immortel. du monde et de nature
faillent les biens: et deuenōs tous cendre.
Pour tant dauoir paradis metons cure
Du chascū peult sās rien mectre tout prādre

Mirez vous en la pourtraiture
Cy dedens et apes memoire
Telle sera vostre figure
Apres la vie transitoire

www.ingramcontent.com/pod-product-compliance
Lightning Source LLC
Chambersburg PA
CBHW061230050726
47594CB00009B/3867